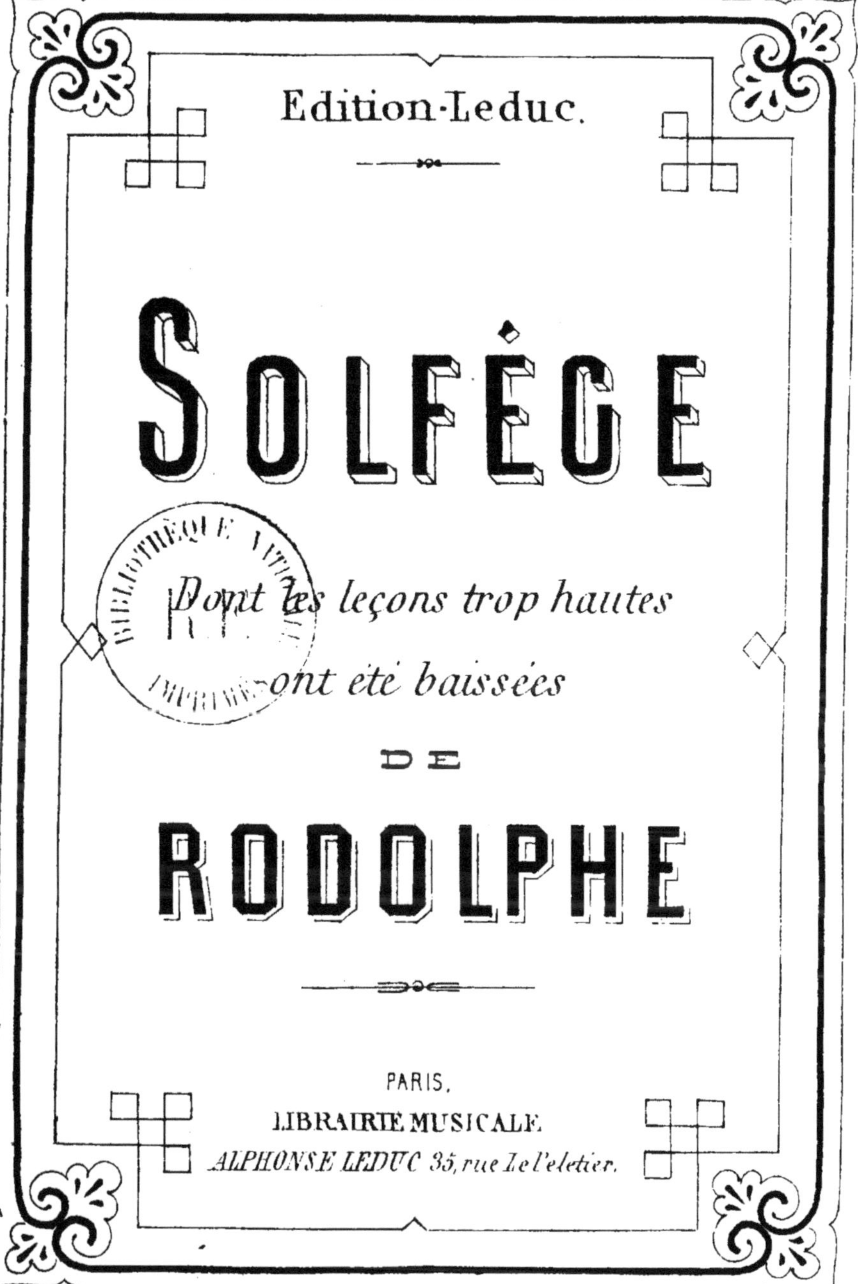

Edition-Leduc.

SOLFÈGE

Dont les leçons trop hautes ont été baissées

DE

RODOLPHE

PARIS.
LIBRAIRIE MUSICALE
ALPHONSE LEDUC 35, rue Le Peletier.

1874

SOLFÈGE

DE

RODOLPHE

PREMIÈRE PARTIE

PRINCIPES ÉLÉMENTAIRES DE MUSIQUE

ARTICLE I

DE LA POSITION DE LA CLEF.

Demande. *Où pose-t-on la clef de Sol?* **Réponse**. Sur la seconde ligne

CLEF DE SOL.

ARTICLE II

DU NOMBRE DES NOTES QUI SERVENT A ÉCRIRE LA MUSIQUE.

D. *Combien y a-t-il de notes dans la musique?*

R. Sept.

D. *Comment les nomme-t-on?*

R. Ut, Ré, Mi, Fa, Sol, La, Si

D. *Combien ces sept notes font-elles de tons?*

R. Cinq tons et deux demi-tons diatoniques lorsqu'on y joint l'octave qui est la répétition du premier son.

D. *Sur quels degrés se trouvent les deux demi-tons dans le mode majeur?*

R. Du troisième au quatrième degré, et du septième au huitième degré.

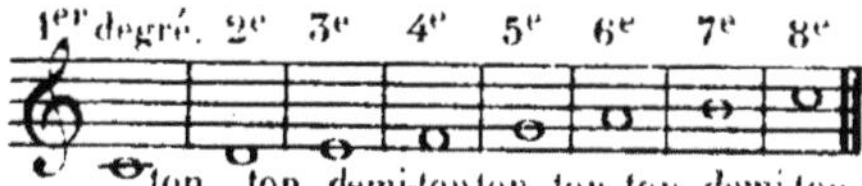

D. *Sur quels degrés se trouvent les deux demi-tons dans le mode mineur?*

R. Du deuxième au troisième degré, et du septième au huitième degré.

ALPHONSE LEDUC Editeur A.L. 4995.

ARTICLE III

DE LA VALEUR DES NOTES.

DEMANDES.	RÉPONSES.	FIGURES.
Combien la ronde		
vaut-elle de blanches?	Deux.	
—— *de noires?*	Quatre.	
—— *de croches?*	Huit.	
—— *de doubles-croches?*	Seize.	
—— *de triples-croches?*	Trente deux.	
—— *de quadruples-croches?*	Soixante quatre.	
Combien la blanche		
vaut-elle de noires?	Deux.	
—— *de croches?*	Quatre.	
—— *de doubles-croches?*	Huit.	
—— *de triples-croches?*	Seize.	
—— *de quadruples-croches?*	Trente deux.	
Combien la noire		
vaut-elle de croches?	Deux.	
—— *de doubles-croches?*	Quatre.	
—— *de triples-croches?*	Huit.	
—— *de quadruples-croches?*	Seize.	
Combien la croche		
vaut-elle de doubles-croches?	Deux.	
—— *de triples-croches?*	Quatre.	
—— *de quadruples-croches?*	Huit.	
Combien la double-croche		
vaut elle de triples-croches?	Deux.	
—— *de quadruples-croches?*	Quatre.	
Combien la triple-croche		
vaut-elle de quadruples-croches?	Deux.	

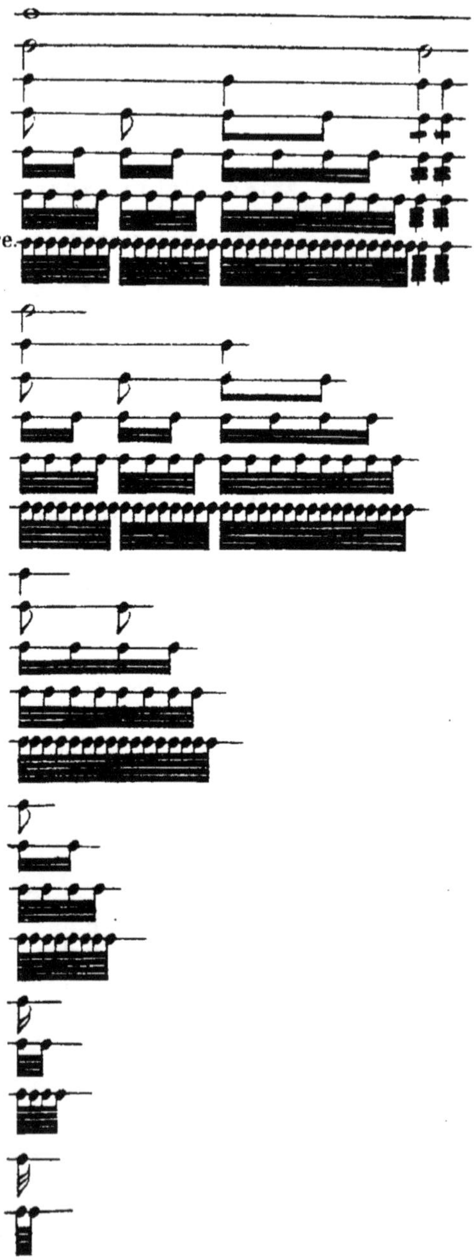

ARTICLE IV

DE LA VALEUR DU POINT APRÈS LA NOTE.

FIGURES.

D. *Que fait le point après une note quelconque?*

R. Il augmente la note de la moitié de sa valeur.

D. *Combien vaut une ronde avec un point?*

R. Trois blanches.

D. *Combien vaut une blanche avec un point?*

R. Trois noires.

D. *Combien vaut une noire avec un point?*

R. Trois croches.

D. *Combien vaut une croche avec un point?*

R. Trois doubles-croches.

D. *Combien vaut une double-croche avec un point?*

R. Trois triples-croches.

D. *Combien vaut une triple-croche avec un point?*

R. Trois quadruples-croches.

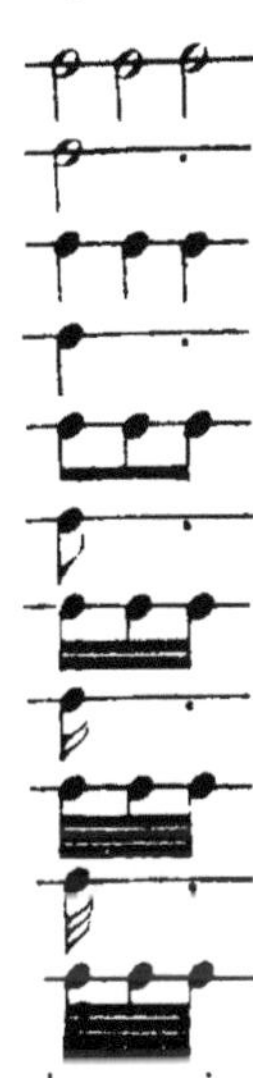

Un second point augmente encore la note de la moitié de la valeur du premier point

EXEMPLE.

Le point et le second point se placent aussi après les silences avec les mêmes conditions de valeur que pour les notes.

Il y a des groupes de trois et six notes, désignés par un 3 ou par un 6, qu'on appelle *triolets* et *sixaines*, les triolets prennent la valeur de deux notes et les sixaines la valeur de quatre.

EXEMPLE.

ARTICLE V

DU NOM ET DE LA VALEUR DES SILENCES

FIGURES

D. *Comment marque-t-on le silence d'une ronde?* — **R**. Par une pause.
(La pause se place sous la ligne)

D. *Comment marque-t-on le silence d'une blanche?* — **R**. Par une demi-pause.
(La demi-pause se place sur la ligne)

D. *Comment marque-t-on le silence d'une noire?* — **R**. Par un soupir.

D. *Comment marque-t-on le silence d'une croche?* — **R**. Par un demi-soupir.

D. *Comment marque-t-on le silence d'une double-croche?* — **R**. Par un quart de soupir.

D. *Comment marque-t-on le silence d'une triple-croche?* — **R**. Par un huitième ou demi-quart de soupir.

D. *Comment marque-t-on le silence d'une quadruple-croche?* — **R**. Par un seizième de soupir.

D. *Comment marque-t-on le silence de deux mesures?* — **R**. Par un seul signe que l'on nomme bâton de deux pauses.

D. *Comment marque-t-on le silence de quatre mesures?* — **R**. Par un seul signe que l'on nomme bâton de quatre pauses.

La pause sert aussi de silence pour toute espèce de mesure.

Assez généralement on indique par un chiffre au-dessus du signe le nombre des mesures qu'il faut compter en silence, et, quand on a un nombre qui excède celui de quatre, on le marque avec les signes désignés ci-dessus répétés autant de fois qu'il est nécessaire pour former le nombre que l'on désire.

ARTICLE VI

DES SIGNES DE MESURE

D. *Combien y a-t-il de mesures usitées?*

R. Trois: la mesure à QUATRE TEMPS, la mesure à DEUX TEMPS et la mesure à TROIS TEMPS.

D. *Comment se marque la mesure à quatre temps?*

R. Par un C.

D. *Comment se marque la mesure à deux temps?*

R. Par le chiffre 2, ou par le chiffre 2 avec un 4 dessous, ou par un C barré

D. *Comment se marque la mesure à trois temps?*

R. Par le chiffre 3, ou par le chiffre 3 avec un 4 dessous.

Battre la mesure, c'est indiquer par des mouvements de bras la division des temps qui la composent.

A DEUX TEMPS	A TROIS TEMPS	A QUATRE TEMPS
le 1er temps est frappé et le 2e levé.	le 1er est frappé, le 2e marqué à droite, et le 3e levé.	le 1er est frappé, le 2e marqué à gauche, le 3e à droite et le 4e levé.
	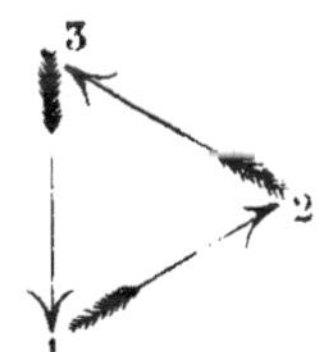	

ARTICLE VII

DES SIGNES DES MESURES COMPOSÉES DÉRIVÉES DES MESURES SIMPLES

D *Combien y a-t-il de mesures composées?*

R Trois: la mesure à DOUZE-HUIT, la mesure à SIX-HUIT, et la mesure à TROIS-HUIT.

D *Comment se marque la mesure à douze-huit?*

R Par le chiffre 12 avec un 8 dessous.

D. *Comment se marque la mesure à six-huit?*

R. Par le chiffre 6 avec un 8 dessous.

D. *Comment se marque la mesure à trois-huit?*

R. Par le chiffre 3 avec un 8 dessous.

A douze-huit dérivée de la mesure à quatre temps.	A six-huit dérivée de la mesure à deux temps.	A trois-huit dérivée de la mesure à trois temps.

Règle. Lorsque la mesure est indiquée par deux nombres placés l'un sur l'autre, si ces nombres sont pairs tous deux, la mesure se bat à deux temps; s'il y en a un d'impair, la mesure se bat à trois temps.

Comme seule exception, la mesure $\frac{12}{8}$ se bat à quatre temps

Autre règle. Dans le même cas de deux nombres placés l'un sur l'autre pour marquer la mesure, le nombre inférieur indique quelles sont les valeurs de la ronde dont se compose la mesure, et le nombre supérieur en quelle quantité elles y entrent.

Ainsi dans la mesure $\frac{2}{4}$ le chiffre supérieur signifie que la mesure est formée de deux fois la valeur du nombre inférieur, qui lui-même indique que ces valeurs sont des quarts de ronde; le quart de la ronde étant la noire, $\frac{2}{4}$ signifiera que la mesure se compose de deux noires.

De même $\frac{3}{4}$ indique une mesure qui se compose de trois quarts de ronde ou trois noires.

ARTICLE VIII

DE LA FIGURE ET DE L'EFFET DU DIÈSE, DU BÉMOL ET DU BÉCARRE

Le DIÈSE se marque ainsi: ♯.

Le BÉMOL se marque ainsi: ♭.

Le BÉCARRE se marque ainsi: ♮.

D. *Dans quel mode sont les notes naturelles?*

R. Dans le ton d'Ut naturel.

D. *Que fait le dièse devant une note naturelle?*

R. Il hausse la note d'un demi-ton chromatique.

D. *Que fait le bémol devant une note naturelle?*

R. Il baisse la note d'un demi-ton chromatique.

D. *Comment faut-il que la note soit pour pouvoir mettre un dièse ou un bémol devant?*

R. Il faut que la note soit naturelle.

D. *Que fait le bécarre devant une note?*

R. Il remet la note dans son ton naturel.

D. *Comment faut-il que la note soit pour pouvoir mettre un bécarre devant?*

R. Il faut que la note soit diésée ou bémolisée.

ARTICLE IX

DE LA POSITION DES DIÈSES ET DES BÉMOLS

D. *Comment se posent les dièses?*

R. De quinte en quinte en montant.

D. *Où se pose le premier dièse?*

R. Sur le Fa.

D. *Où se pose le deuxième dièse?*

R. Sur l'Ut.

D. *Où se pose le troisième dièse?*

R. Sur le Sol.

D. *Où se pose le quatrième dièse?*

R. Sur le Ré.

D. *Où se pose le cinquième dièse?*

R. Sur le La.

D. *Où se pose le sixième dièse?*

R. Sur le Mi.

D. *Où se pose le septième dièse?*

R. Sur le Si.

D. *Où se pose le huitième dièse?*

R. Sur le Fa.

1er dièse. 2e 3e 4e 5e 6e 7e double-dièse.

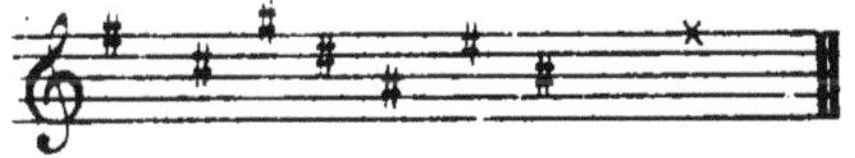

D. *Comment se posent les bémols*

R. De quinte en quinte en descendant.

D. *Où se pose le premier bémol?*

R. Sur le Si.

D. *Où se pose le deuxième bémol?*

R. Sur le Mi.

D. *Où se pose le troisième bémol?*

R. Sur le La.

D. *Où se pose le quatrième bémol?*

R. Sur le Ré.

D. *Où se pose le cinquième bémol?*

R. Sur le Sol.

D. *Où se pose le sixième bémol?*

R. Sur l'Ut.

D. *Où se pose le septième bémol?*

R. Sur le Fa.

D. *Où se pose le huitième bémol?*

R. Sur le Si.

1er bémol. 2e 3e 4e 5e 6e 7e double-bémol

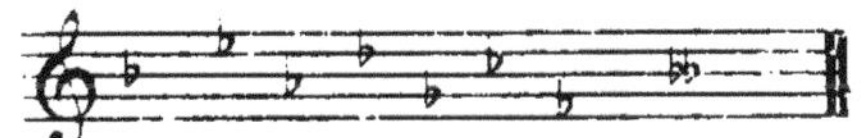

ARTICLE X

DE LA DISTINCTION DU MODE MAJEUR ET DU MODE MINEUR

D. *Combien y a-t-il de modes?*

R. Deux, le mode majeur et le mode mineur.

D. *Quel est le modèle des tons majeurs?*

R. C'est le ton d'Ut naturel.

D. *Quel est le modèle des tons mineurs?*

R. C'est le ton de La naturel.

D. *Qu'entendez vous par ton naturel?*

R. C'est lorsqu'il n'y a ni dièses ni bémols à la clef.

MODE MAJEUR	MODE MINEUR
D. *Où connait-on lorsqu'un mode est majeur?*	**D**. *Où connait-on lorsqu'un mode est mineur?*
R. Quand il y a deux tons du premier au troisième degré.	**R**. Quand il n'y a qu'un ton et un demi-ton du premier au troisième degré.

ARTICLE XI

DU NOMBRE DE DIÈSES QU'IL FAUT À CHAQUE TON, AVEC SON TON RELATIF

D. *Dans quel ton est un morceau lorsqu'il n'y a ni dièses ni bémols à la clef?*

R. En UT majeur ou en LA mineur. Voy. Ex.1.

D. *Dans quel ton est-on avec un dièse à la clef?*

R. En SOL majeur ou en MI mineur. Ex.2.

D. *Et avec deux dièses?*

R. En RÉ majeur ou en SI mineur. Ex.3.

D. *Et avec trois dièses?*

R. En LA majeur ou en FA ♯ mineur. Ex.4.

D. *Et avec quatre dièses?*

R. En MI majeur ou en UT ♯ mineur. Ex.5.

D. *Et avec cinq dièses?*

R. En SI majeur ou en SOL ♯ mineur. Ex.6.

D. *Et avec six dièses?*

R. En FA ♯ majeur ou en RÉ ♯ mineur. Ex.7.

D. *Et avec sept dièses?*

R. En UT ♯ majeur ou en LA ♯ mineur. Ex.8.

EXEMPLES

ARTICLE XII

DU NOMBRE DE BÉMOLS QU'IL FAUT A CHAQUE TON, AVEC SON TON RELATIF

D. *Dans quel ton est un morceau avec un bémol à la clef?*

R. En FA majeur ou en RÉ mineur. Voy. Ex. 1.

D. *Et avec deux bémols?*

R. En SI ♭ majeur ou en SOL mineur. Ex. 2.

D. *Et avec trois bémols?*

R. En MI ♭ majeur ou en UT mineur. Ex. 3.

D. *Et avec quatre bémols?*

R. En LA ♭ majeur ou en FA mineur. Ex. 4.

D. *Et avec cinq bémols?*

R. En RÉ ♭ majeur ou en SI ♭ mineur. Ex. 5.

D. *Et avec six bémols?*

R. En SOL ♭ majeur ou en MI ♭ mineur. Ex. 6.

D. *Et avec sept bémols?*

R. En UT ♭ majeur ou en LA ♭ mineur. Ex. 7.

EXEMPLES

1	2	3	4	5	6	7
FA majeur.	SI ♭ majeur.	MI ♭ majeur.	LA ♭ majeur.	RÉ ♭ majeur	SOL ♭ majeur.	UT ♭ majeur.
RÉ mineur, relatif de FA majeur.	SOL mineur, relatif de SI ♭ majeur.	UT mineur, relatif de MI ♭ majeur.	FA mineur, relatif de LA ♭ majeur.	SI ♭ mineur, relatif de RÉ ♭ majeur.	MI ♭ mineur, relatif de SOL ♭ majeur.	LA ♭ mineur, relatif d'UT ♭ majeur.

ARTICLE XIII

POUR SE FAMILIARISER AVEC LES DEGRÉS DE TOUTES LES GAMMES

D. *Combien y a-t-il de notes dans la gamme?*

R. Huit.

D. *Combien ces huit notes font-elles de degrés?*

R. Huit.

D. *Quel est le premier degré d'un mode quelconque?*

R. C'est la tonique

GAMME DU TON D'UT

SERVANT DE RÈGLE POUR TOUS LES TONS

D. *Dans le ton d'Ut quel est le premier degré?*

R. C'est l'Ut ou tonique.

D. *Quel est le deuxième degré?*

R. C'est le Ré ou sus-tonique.

D. *Quel est le troisième degré?*

R. C'est le Mi ou médiante.

D. *Quel est le quatrième degré?*

R. Le Fa ou sous-dominante.

D. *Quel est le cinquième degré?*

R. Le Sol ou dominante.

D. *Quel est le sixième degré?*

R. Le La ou sus-dominante.

D. *Quel est le septième degré?*

R Le Si ou sensible.

D. *Quel est le huitième degré?*

R. L'Ut ou octave

D. *Est il nécessaire de nommer l'octave huitième degré?*

R. Il est indifférent de nommer l'octave huitième ou premier degré, vu que l'octave n'est que la répétition du premier degré que l'on nomme tonique.

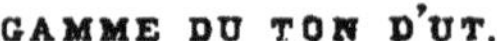

GAMME DU TON DE SOL.

Le même ordre subsiste dans toutes les autres gammes.

ARTICLE XVI

DES DEUX GENRES DE DEMI-TONS ET DE LA MANIÈRE DE LES DISTINGUER

D *Combien y a-t-il de sortes de demi-tons?*

R Deux, le demi-ton diatonique et le demi-ton chromatique.

D. *Comment connait-on le demi-ton diatonique?*

R. C'est lorsque deux notes sont placées l'une sur la ligne et l'autre dans l'intervalle le plus prochain

EXEMPLES DE DEMI-TONS DIATONIQUES

D. *Comment connait-on le demi-ton chromatique?*

R. C'est lorsque deux notes sont sur la même ligne ou sur le même intervalle par le moyen du dièse ou du bémol.

EXEMPLES DE DEMI-TONS CHROMATIQUES

ARTICLE XVII

INTERVALLES DES NOTES DANS L'ORDRE NATUREL

D. *Comment nomme-t-on deux notes sur le même degré je suppose Ut et Ut?* **R.** Unisson.

D. *Comment nomme-t-on la distance d'Ut à Ré?* **R.** Seconde.

D. *Comment nomme-t-on la distance d'Ut à Mi?* **R.** Tierce.

D. *Comment nomme-t-on la distance d'Ut à Fa?* **R.** Quarte.

D. *Comment nomme-t-on la distance d'Ut à Sol?* **R.** Quinte.

D. *Comment nomme-t-on la distance d'Ut à La?* **R.** Sixte.

D. *Comment nomme-t-on la distance d'Ut à Si?* **R.** Septième.

D. *Comment nomme-t-on la distance d'Ut à Ut?* **R.** Octave.

ARTICLE XVIII

RENVERSEMENT DES INTERVALLES DANS L'ORDRE NATUREL[1].

D. *Que devient un unisson renversé?* **R.** Octave.

D. *Que devient une seconde renversée?* **R.** Septième.

D. *Que devient une tierce renversée?* **R.** Sixte.

D. *Que devient une quarte renversée?* **R.** Quinte.

D. *Que devient une quinte renversée?* **R.** Quarte.

D. *Que devient une sixte renversée?* **R.** Tierce.

D. *Que devient une septième renversée?* **R.** Seconde.

D. *Que devient une octave renversée?* **R.** Unisson.

(1) On trouvera aisément le renversement d'un intervalle donné en se rappelant que les nombres qui distinguent un intervalle de son renversement, étant réunis, doivent former le nombre neuf. Ainsi l'unisson (marqué par le nombre 1) donne l'octave (marqué par le nombre 8) la seconde donne la septième, la tierce donne la sixte, la quarte donne la quinte, la sixte donne la tierce, la septième donne la seconde; de l'addition de chacun de ces couples résulte le nombre neuf.

ARTICLE XVII

DES AGRÉMENTS DU CHANT

Le PORT DE VOIX que l'on nomme aussi note de goût, d'agrément ou petite note, est désigné par une note plus petite que les autres. La petite note ne se nomme point en solfiant; on la fait seulement sentir en nommant la note avec laquelle elle est liée. On verra dans les exemples suivants l'emploi de la petite note sur tous les intervalles possibles.

EMPLOI DE LA PETITE NOTE PAR INTERVALLE DIATONIQUE

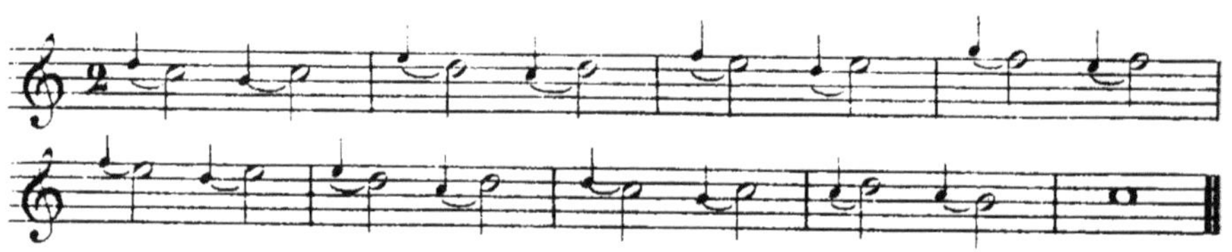

PAR INTERVALLE DE TIERCE

PAR INTERVALLE DE QUINTE

PAR INTERVALLE D'OCTAVE

RÉSUMÉ DE TOUS LES INTERVALLES

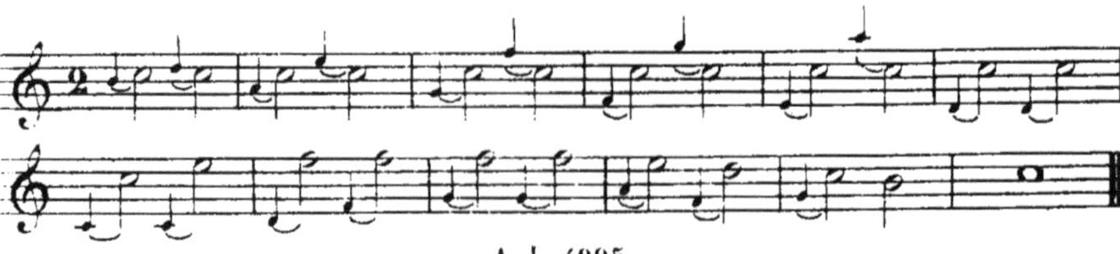

NOTES DÉTACHÉES.

Les notes détachées see sont quelquefois désignées par des petits points ou des petites barres que l'on met au dessus.

NOTES COULÉES, LIÉES ET SYNCOPÉES.

Les notes coulées, liées ou syncopées sont désignées par ce signe.

REPRISES.

Les quatre signes marqués ci-après servent à séparer les reprises d'un morceau de musique.

Le premier signe, qui n'a pas de points, marque qu'il faut aller de suite; le second, qui a des points à gauche, marque qu'il faut dire deux fois la première reprise; le troisième, qui a des points à droite, marque qu'il faut dire deux fois la seconde reprise; enfin le quatrième, qui a des points des deux côtés, marque qu'il faut dire deux fois chaque reprise.

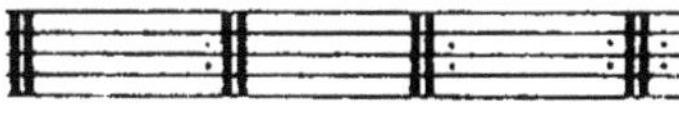

RENVOI.

Le *Renvoi* 𝄋 sert à ramener de la fin d'un morceau de musique au commencement. On met toujours deux renvois; le second ramène au premier.

POINT D'ORGUE.

Le *Point d'orgue*, que l'on nomme aussi *Fermat*, ou *Point d'arrêt*, est un repos que l'on fait plus ou moins long. Pendant ce repos la partie récitante (s'il y en a une) a quelquefois le loisir de faire différents passages à sa volonté. Dans d'autres cas, le point d'orgue est un repos général.

SIGNES D'INTENSITÉ.

Le signe marqué ainsi < sert à indiquer qu'il faut augmenter les sons.

Le signe marqué ainsi > sert à indiquer qu'il faut diminuer les sons.

Et le signe marqué ainsi <> sert à indiquer qu'il faut augmenter le son jusqu'au milieu, et ensuite le diminuer.

CADENCES.

La *Cadence ou Trille* se fait par le moyen de deux notes que l'on fait entendre successivement; le battement de ces deux notes prend ordinairement son appui sur le pénultième note d'une phrase musicale.

Il y a deux sortes de cadences: l'une est la cadence pleine; elle consiste à ne commencer le battement de voix qu'après en avoir appuyé la note supérieure; l'autre s'appelle cadence brisée, et l'on y fait le battement de voix sans aucune préparation.

CADENCE PRÉPARÉE.

CADENCE SANS PRÉPARATION.

ARTICLE XVIII

LISTE DES TERMES ITALIENS POUR L'INDICATION DES MOUVEMENTS ET DES NUANCES.

1º INDICATIONS DE MOUVEMENT.

D. *Qu'est-ce que le mouvement en musique?*

R. Le mouvement est le degré de lenteur ou de vitesse que l'on donne à la mesure, et dans lequel on exécute un morceau de musique.

TERMES ITALIENS.	SIGNIFICATIONS.
Grave.	Grave, le plus lent de tous les mouvements.
Largo.	Large sévère.
Lento.	Lent.
Larghetto.	Largement, moins sévère que Largo.
Adagio.	Lentement, posément.
Sostenuto.	Soutenu, lentement en soutenant les sons.
Maestoso.	Majestueux.
Affettuoso.	Affectueux.
Cantabile.	Chanter avec goût, avec grâce.
Tempo di menuetto.	Temps de menuet.
Tempo di marcia.	Temps de marche.
Andante.	Allez, mouvement gracieux.
Andantino.	Un peu moins lent que l'Andante.
Tempo giusto.	Temps juste, ni trop lent, ni trop vite.
Grazioso.	Gracieux.
Allegretto ou All^{tto}	D'une vivacité modérée et gracieuse.
Allegro ou All^{o}	Gai, vif.
Presto.	Vif, animé, rapide.
Prestissimo.	Très vif, impétueux.

TERMES AJOUTÉS AUX INDICATIONS DE MOUVEMENT.

Doloroso.	Douloureux.
Con espressione.	Avec expression.
Moderato.	Modéré.
Comodo.	Commode.
Non troppo.	Pas trop.
Quasi.	Presque.
Con brio.	Brillant.
Brioso.	Vif, agile.
Agitato.	Agité.
Scherzando.	Gai, léger, en badinant.
Mosso.	Animé.
Con moto.	Avec mouvement.
Molto.	Beaucoup.
Assai.	Idem.

2º INDICATIONS DE NUANCES ET D'EXPRESSIONS.

D. *Qu'indiquent les nuances?*

R. Les nuances indiquent le degré de force ou de faiblesse que l'on doit donner aux sons dans le cours d'un morceau

TERMES ITALIENS.	ABRÉVIATIONS.	SIGNIFICATIONS.
Piano	*p*	Faible, doux.
Pianissimo	*pp*	Très faible, très doux.
Dolce	*dol.*	Doux.
Forte	*f*	Fort.
Fortissimo	*ff*	Très fort.
Mezzo forte	*mf*	Demi-fort.
Sforzato	*sf*	Forcé subitement.
Rinforzando	*rinf.*	En renforçant.
Crescendo	*cresc.*	En augmentant de force.
Decrescendo	*decresc.*	En diminuant de force.
Diminuendo	*dim.*	Idem.
Smorzando	*smorz.*	En mourant, éteindre.
Morendo	*moren.*	Idem.
Legato	*leg.*	Lié.
Staccato	*stacc.*	Détaché.
Portamento	*portam.*	Porté.
Ritardando	*ritard.*	En retardant.
Rallentando	*rall.*	En ralentissant.
Ritenuto	*rit.*	Retenu.
Accellerando	*accel.*	En accélérant.
Stringendo	*string*	En serrant.
A tempo ou Tempo 1º		Premier mouvement.
Espressivo	*express.*	Expressif.
Leggiero	*legg.*	Léger.
Con anima		Avec âme.
Con spirito		Avec chaleur.
Con grazia		Avec grâce.
Con gusto		Avec goût.
Con delicatezza		Avec délicatesse.
Con allegretto		Avec joie, allégresse.
Con fuoco		Avec feu.
Calando		En échauffant l'exécution.
Con calore		Avec chaleur.
Con forza		Avec force.
Animato		Animé.
Ben marcato		Bien marqué.
Ad libitum		A volonté.
A piacere		A plaisir.
Poco a poco		Peu à peu.

DEUXIÈME PARTIE

LEÇONS

Gamme par intervalle de Seconde.
N° 10.
Gamme par intervalle de Tierce.
N° 11.
Résumé de la précédente leçon.
N° 12.

Gamme par intervalle de Quarte.

N° 13.

Résumé de la leçon précédente.

N° 14.

Gamme par intervalle de Quinte.

N° 15.

Résumé de la précédente.
N° 16.
Gamme par intervalle de Sixte.
N° 17.
Résumé de la précédente.
N° 18.
Gamme par intervalle de Septième.
N° 19.

Résumé de la précédente.
N° 20.
2
Gamme par intervalle d'Octave.
N° 21.
2
Résumé de la précédente.
N° 22.
2
Leçon renfermant tous les intervalles.
N° 23.
2

Résumé de la précédente.
N° 24.
Leçon pour se familiariser avec l'intervalle de fausse Quinte.
N° 25.
Leçon pour se familiariser avec l'intervalle du Triton.
N° 26.
Etendue de la voix naturelle.
N° 27.
Première leçon avec la Basse. Des Rondes et des Pauses.
N° 28.
tr

Leçon avec des Blanches.
N° 29.
Leçon avec des Noires.
N° 30.

Leçon avec des Croches.
Nº 31.
Rondes et Blanches.
Nº 32.

Rondes et Noires.
N° 33.
2
2

Rondes et Croches.
N° 34.

Rondes, Blanches, Noires et Croches.

N° 35

Leçon avec une longue et deux brèves.

N° 36.

Réduction de la précédente leçon en Noires et en Croches.
Nº 37.
Leçon pour observer la valeur du point après une Blanche.
FIN.
Nº 38
D.C.

Réduction de la leçon précédente.
FIN.
N° 39.
D.C.
Leçon avec des Noires pointées, des Croches et des Blanches.
N° 40.
FIN.
D.C.

Réduction de la leçon précédente.
Nº 41.
FIN.
Leçon pour observer le premier temps de la mesure.
Nº 42.

La même leçon réduite en Noires, pour observer le soupir.
N° 43.
La même leçon réduite en Croches, pour observer le demi-soupir.
N° 44.

Leçon avec deux Rondes sur le même degré, faisant liaison et syncope
Nº 45.
Réduction de la leçon 45.
Nº 46.
Réduction de la leçon 46.
Nº 47.
Réduction de la leçon 47.
Nº 48.

Résumé des quatre leçons précédentes.
N° 49.
Leçon avec une Blanche faisant Syncope entre deux Noires.
N° 50.
Résumé de la leçon précédente.
N° 51.

Leçon pour la mesure à trois temps avec la Blanche pointée.
FIN
N° 52.
D.C.
Leçon avec une longue et une brève.
N° 53.
Leçon inverse de la précédente.
N° 54.

Résumé des deux leçons précédentes.

No 55.

Leçon pour apprendre à syncoper deux notes égales.

No 56.

Leçon pour apprendre à syncoper une longue et une brève.

No 57.

FIN DES LEÇONS PRÉLIMINAIRES.

Gamme par demi-tons avec des dièses.

N° 59.

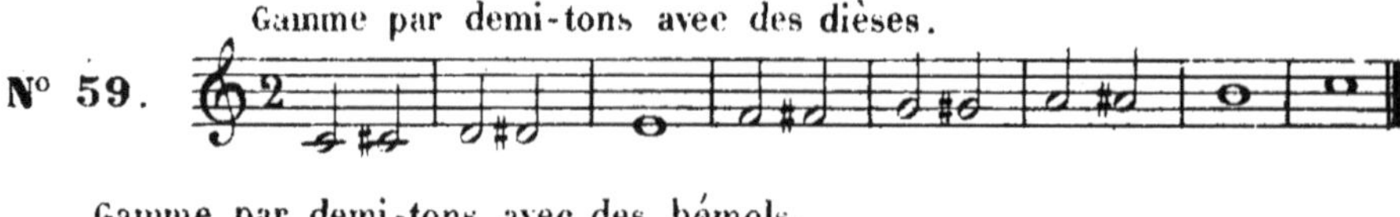

Gamme par demi-tons avec des bémols.

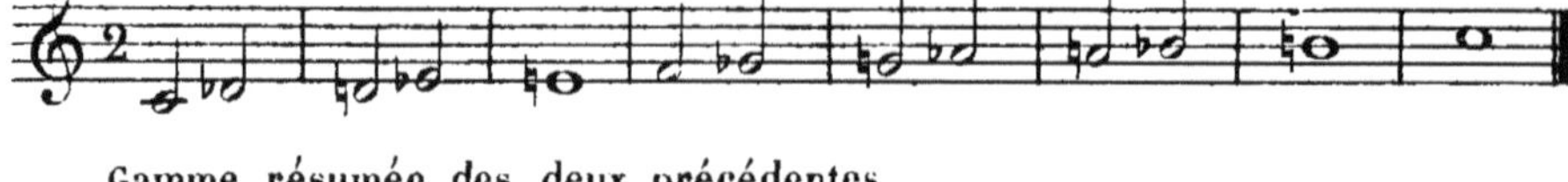

Gamme résumée des deux précédentes.

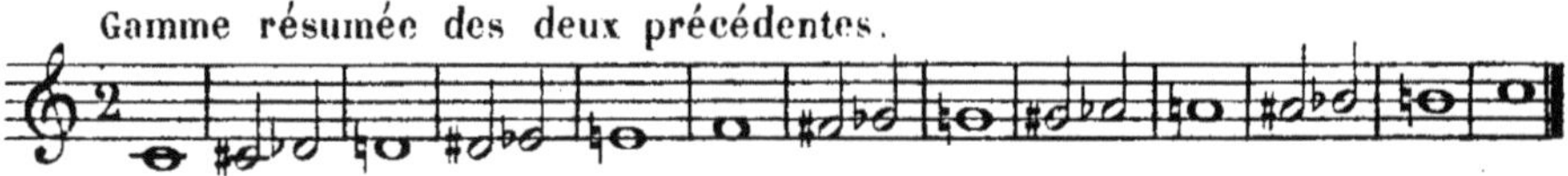

Quoiqu'il y ait une différence sensible entre l'intervalle d'UT naturel à UT dièse et l'intervalle d'UT naturel à RÉ bémol, néanmoins l'on est convenu pour la facilité de l'intonation, d'identifier, si j'ose le dire, ces deux intervalles; en un mot, n'en faire qu'un. De sorte qu'après avoir fait entendre UT naturel, on peut, en montant d'un demi-ton, dire UT dièse ou RÉ bémol indistinctement, c'est ce qu'on appelle synonyme ou même chose.

Sur l'orgue, le clavecin, le piano-forte, etc, la même touche fait UT dièse et RÉ bémol, RÉ dièse et MI bémol.

Leçon pour les notes d'agrément.

N° 60.

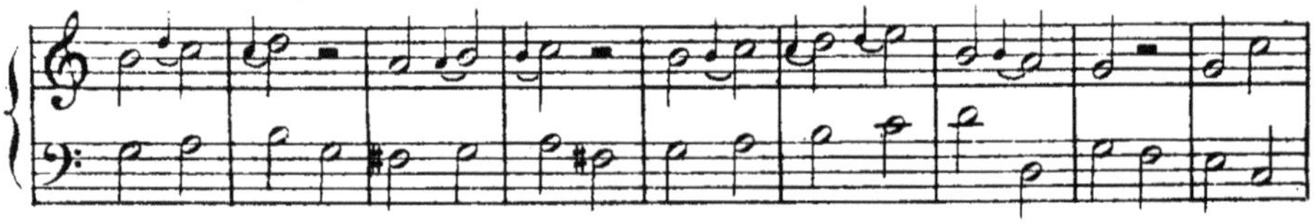

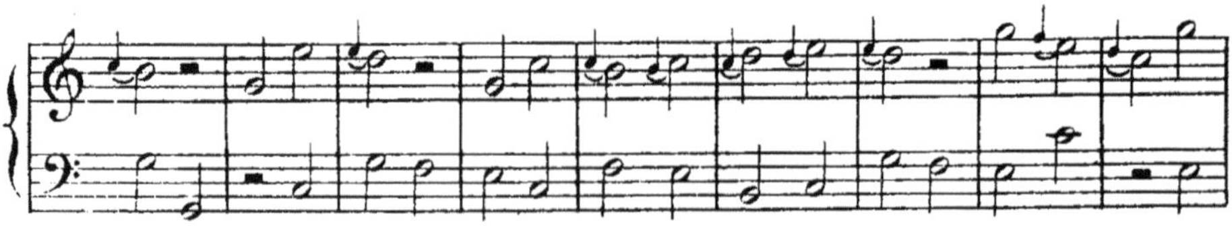

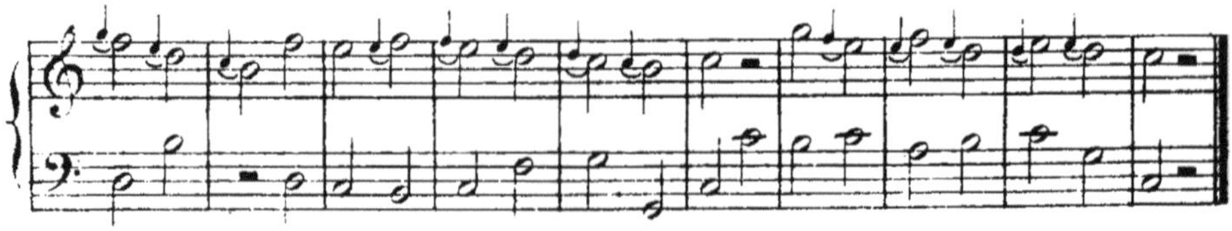

Nº 61.
Allegretto.
Nº 62.
tr
tr

Leçon pour se familiariser avec le Sol dièse accidentel.

Leçon pour se familiariser avec les deux premiers dièses.
Nº 65.
Andante.
Nº 66.

Réduction de la leçon précédente au moyen de la mesure à trois-huit.

N° 67.

Leçon pour se familiariser avec le Ré et le La dièses accidentels.
N° 68.
Andante.
N° 69.
tr

Leçon pour se familiariser avec les deux premiers bémols.

tr
tr

Leçon pour se familiariser avec l'Ut et le Sol dièses accidentels.

tr
Leçon pour se familiariser avec l'Ut et Sol dièses.
Nº 74.

Moderato.
N° 75.
tr

MARCHE.
Nº 76.

Leçon pour se familiariser avec le La et le Mi dièses accidentels.

tr
Leçon pour se familiariser avec le Mi et le La bémols.
N° 79.

Allᵗᵗᵒ moderato.
Nº 80.
3
3

tr
Leçon pour se familiariser avec le Fa et l'Ut dièses accidentels.
N° 81.

All° moderato.
N° 82.

Leçon pour se familiariser avec le Sol et le Ré dièses.
Nº 83.

Allegro.
Nº 84.
MINEUR.

MAJEUR.
Leçon pour se familiariser avec le Mi et le Si dièses accidentels.
N° 85.

Adagio.
Nº 86.
tr

tr
Leçon pour se familiariser avec le La et le Ré bémols.
Nº 87.

All° moderato.
N° 88.

Leçon pour se familiariser avec le premier bécarre accidentel.
N° 89.
All° moderato.
N° 90.

tr
tr

Leçon pour se familiariser avec le Ré et le La dièses accidentels.
N° 91.
Moderato.
N° 92.

tr
tr
Leçon pour se familiariser avec le dièse accidentel et le double-dièse.
N° 93.

Andante.
Nº 94.
3

Leçon pour se familiariser avec le Ré et le Sol bémols.
N° 95.

Moderato.
Nº 96.
1e fois.
2e fois.
tr
1e fois.
2e fois.

Leçon pour se familiariser avec le Mi et le Si bécarres accidentels.
N° 97.
Andante.
N° 98.

Leçon pour se familiariser avec le La et le Mi dièses.
N° 99.
tr

Affettuoso.

Nº 100

tr
tr
Leçon pour se familiariser avec le Fa et l'Ut double dièses.
Nº 101.

Allegretto.
Nº 102.
tr

Leçon pour se familiariser avec le Sol et l'Ut bémols.
Nº 103.
tr

Adagio.
Nº 104.
tr
tr
tr
tr
tr

Leçon pour se familiariser avec le La et le Mi bécarres accidentels.
N° 105.
Andantino.
N° 106.
FIN.

MAJEUR.

Leçon pour se familiariser avec le Mi et le Fa dièses.

Leçon pour se familiariser avec le La et le Mi dièses.

N° 99.

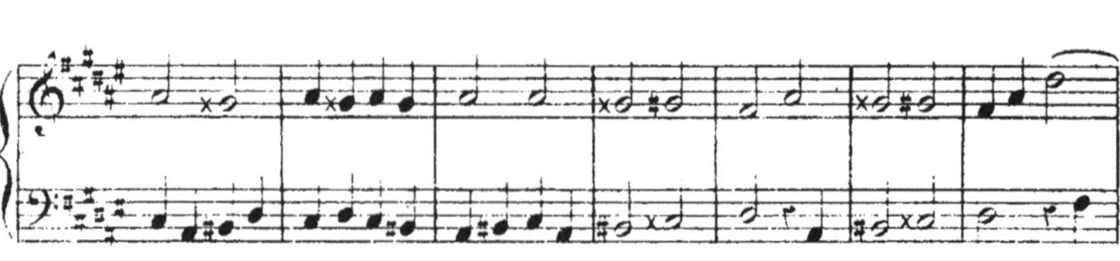

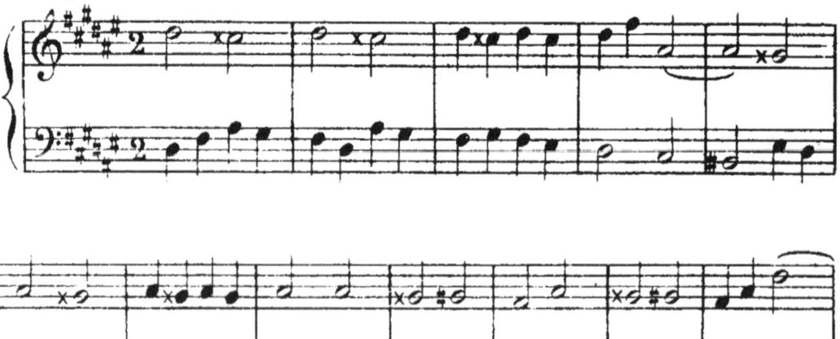

Allº moderato.
Nº 110.

tr
tr

Leçon pour se familiariser avec l'Ut et le Fa bémols.
N° 111.
Andantino.
N° 112.
tr

3
3
3
tr

Leçon pour se familiariser avec le Ré et le La bécarres accidentels.
N° 113.
Moderato.
N° 114.

Allº moderato.
Nº 115.

Echelle diatonique pour apprendre à connaitre
les notes de la clef d'Ut sur la première ligne.

Nº 116.

Echelle disjointe pour distinguer
facilement les notes sur les lignes.

Echelle disjointe pour distinguer
facilement les notes sur les espaces.

N° 117.
FIN.
Moderato.
N° 118.
tr

tr
N° 119.
UT. RE. MI. FA. SOL. LA. SI. UT. RÉ. MI. FA. SOL. LA. SI. UT.
RÉ. FA. LA. UT. MI. SOL. SI.
UT. MI. SOL. SI. RÉ. FA. LA. UT.

Leçon pour apprendre à nommer les notes.

N° 120.

tr

Andante.

N° 121.

Allegretto.
Nº 122.
tr

N° 123.
SOL. LA. SI. UT. RÉ. MI. FA. SOL. LA. SI. UT. RÉ. MI. FA. SOL.
SOL. SI. RÉ. FA. LA. UT. MI. SOL.
LA. UT. MI. SOL. SI. RÉ. FA.
Leçon pour apprendre à nommer les notes dans les sons graves.
N° 124.
Andante.
N° 125.

Allegro.
N° 126.
All° moderato.
N° 127.

www.ingramcontent.com/pod-product-compliance
Ingram Content Group UK Ltd.
Pitfield, Milton Keynes, MK11 3LW, UK
UKHW022049170726
13837UKWH00002B/857